LES LARMES DE PHILIPPES DE MORNAY, SIEUR DU PLESSIS.

Traduict du Latin de l'Autheur.

A SAVMVR.
Par Thomas Portau.
1606.

A Dame Charlote Arbaleste sa femme.

MAMIE, Nostre douleur est trop grande, pour se soulager sinon en la douleur, nostre plaie trop profonde pour s'esventer que par la plaie. il lui faut donq donner son cours; que trop tost reprimée, elle ne nous opprime: mal a propos refermée, elle ne nous suffoque. Ie ne vous ordonne donq point une Indolence ; Arriere de nous ceste stupidité desnaturée ; Que vous-vous durcissez en pierre ; Les verges de Dieu n'ont pas ce but. Plustost, attendrisons-nous, fondõs ensemble. Mais bien veus-je que nous-nous rendions tous deux ces morsures familieres ; qui sans doute ne peuvent mourir qu'avec nous. Que nous paissions doucement ce Chancre ; qui nous ronge, que tout a coup il ne nous devore. Qu'ainsi il s'apprivoise en nous & nous avec lui ; nous passe mesme en nature ; puis qu'aussi bien il l'a penetrée toute, toute occupée, *pour eſtre deſormais partie de nous; non plus eroſion; non plus tare. Ici donq, avez-vous nos larmes? s'il s'enflame, pour l'arouſer; pour l'addoucir s'il s'envenime. De le deſpouiller, de le ſecouer, ne nous eſt il poßible, ores qu'il le fuſt, il n'eſt loiſible. Privez que nous ſommes d'un Fils, d'un Fils unique; & certes de quel Fils, Dieu ſeul, & non autre nous conſole. Qui a porté nos douleurs; ſe charge par ſa grace de celle-ci, qui nous a fait la plaie, la guariſſe. Seul noſtre cõſolation, noſtre ſalut. Et ſans doute, qui n'a point eſpargné ſon unique pour nous, à daigné espargner le nostre. Il l'a osté du Monde, l'a rendu au Ciel; Avant le temps, si nous regardons la saison, si la meureté, en son droit temps; le garantissant divinement des mauvaises mœurs, des malignes humeurs de nostre siecle; Où les souhaits, où les vœus des hommes, faisoient effort de le retenir, leurs regrez le rappeleroient encor' s'il y avoit lieu de regrez*

de Saumur le 28. Novembre 1605.

LES LARMES de Philippes de Mornay, Sieur du Plessis.

NAture à espandu ce quelle avoit de l'armes; Il est temps que la Raison, que la Pieté donnent les leurs. Car aussi ôt elles leurs sources; si moins abondantes, plus claires certes & plus vives. Celle-là espuisée & tarie, celles-ci ont à suppléer, à degoutter les leurs. Et donq parlerai-je ici ou me tairai-je ? Nous avions un Fils unique; peut estre unique. Tu l'avois Seigneur, accordé à nos vœuz, & nos vœuz. (Tu le scais) te l'avoient aussi tost rendu; Non encore né, a pene donné, pour estre eslevé, estre consacré à ton

ſervice. Naiſſant ta Grace l'avoir receu, l'avoit lavé; Des le laict l'avoit imbu, l'avoit abreuvé la Pieté; des l'enfance la Doctrine, des le premier poil, la Vertu; la Probité des ſa jeuneſſe; Et concertoient tellement en lui les dons du corps & de l'Eſprit, que pour eſtre vigoureux, aggreable, ſçavant, courageux, droicturier, il n'en abuſoit point à inſolence, à laſciveté, à vanité, n'en eſtoit de rien plus fier, de rien moins traictable. Tant la Nature avoit en lui prevenu la nourriture; le fruict la fleur; le ſens, les ans. Comme ſi les contraires humeurs, s'eſtoient à l'envi alliées enſemble, pour toutes contribuer à ſes mœurs, Et desja l'appelloit on, l'appui de noſtre aage, la lumiere du ſien. Desja oſoi-je dire;
Ma racine s'eſtendant dedans les eaux
Iob 29. *la rouſée, demeurera en mon rameau.*
v.19.&20 *Ma gloire ſera comme toute nouvelle*
en moi, & mon arc ſe renouvellera en
Iob.14.3 *ma main.* Revivant, plus que vivant en lui, Tu as ſouflé, comme la fleur

du Seneçon, il s'en va en l'air plustost esvanoui, qu'espanoui. *Il sort comme une fleur, & est coupé, tu ravis cest aigret comme à une vigne, tu fais tomber ses boutōs comme a un Olivier.* Iob. 15 33
Et donq Seigneur, que puis-je assez dire, fust-ce-je toute langue, assez estre muet fustce-je un Rocher? Et je voi ton Ionas, Seigneur, Ion. 4
Tu lui avois preparé un Kikajon, une je ne sçai quelle herbe, a l'ombre de laquelle il reposoit. Comme le Ver l'eut touchée elle vient à secher; comme le Soleil, par un doux vent d'Orient, vient à donner sur sa teste, il perd courage; *Meilleure*, dit-il, *m'est la mort que la vie.* Ains se courouce, ains se debat contre toi mesme. Vn si grand Prophete, pour se voir desnué de ce leger ombrage. Moi petit a son regard, qu'aurai-je à faire? En plus dangereuse ardeur, frustré d'un tel? Qu'une douleur cuisante consume, qu'il n'y à moien de digerer. Sans parasol desormais, abandonné à si bruslant Soleil, sans espoir

de consolation, à si violent deuil?
Mais Seigneur, le cœur me bouilt,
retien ma langue; Fai moi dire a-
vec ton Psalmiste,

Psea. 39. 10. *Je me suis teu comme un muet. Je n'ou-
vre point ma bouche parce que tu
l'as faict.*

Ains plustost, Seigneur *mets
ta main sur ma bouche*; que mon
Iob. 1. souspir redoublé n'esclatte en mur
mure, que mal-advisé que je suis
*je n'attribue chose mal convenable au
Tout-puissant.*

Enfant donq, il avoit esté tres-
bien institué, tant es trois langues,
qu'en toutes honnestes discipli-
nes; & plus à retenir qu'a pousser;
Selon la portée aussi de chasque
aage, avoit anticipé tous les exer-
cices dignes de sa naissance; tousjours en la lumiere des hommes;
au brillant des armes, & au bruit
de la guerre, comme si deslors
Mars eust commencé de l'envier à
Minerve, les armes aux lettres. De-

là s'avançeant, auroit avidement visité les principales regions de l'Europe, moissonnant en chacune ce qu'il pensoit faire à son but de Vertu ; repoussant bien loin tout ce qui l'eust peu porter au vice, par ce moien tirant à soi tout ce quelles avoient de bon, soit d'art, soit de nature, secoüant ce quelles avoient de contraire en telle sorte, que rien ne s'en attachast à lui. Mais entrant en sa fleur, comme il voit la France pacifiée, d'un œil peut estre non assez content, il se resoult de cercher ailleurs occasion à sa vertu, passe diverses fois aux Païs bas, le Theatre aujourd'hui de lunivers, disons plustost le sepulcre, pour se duire à la guerre, soubz les enseignes de ce grand Prince Maurice, le Demetrius de nostre siecle. Là n'i à faction de soldat qu'il ne face, action de Capitaine qu'il n'estudie, qu'il n'envie. Et parce que desja en quelques occasions, il avoit esté designé par cest invincible Roi a commander un Regiment, n'obmet rien pour se rendre digne, soit d'un tel Autheur, soit de son choix, trop bouillant un peu, & trop recerchant le peril au jugement de la plus part, mais pour s'attiedir & retenir, s'il eust plus vescu. Ces attraicts cependant, que de toutes parts il assembloit pour le bastiment de sa vertu, estoit il resolu de rapporter à la gloire de Dieu, au servce de son Roi, à l'utilité de sa patrie. Car toutes ces parties estoient en lui confites, & assaisonnées d'un tel amour de pieté, de Iustice, de Charité, qu'en ceste ardeur de jeunesse, n'est à croire, quel zele reluisoit, brusloit en lui: sur tant d'eminētes vertus, combien la Pieté avoit de preciput, haussoit la teste, relevée certes qu'elle estoit sur la base d'une solide connoissance de la vraie Religion en laquelle contre l'humeur commune, & de la profession, & de l'aage il avoit pris plaisir de se fonder. Ici disoi-je derechef, *Eternel par ta faveur tu as establi force*

Psa. 30. 8.
Psal. 121. 5.

en ma

en ma mõtagne, Etern el ton ombre est à ma main droitte. Et voici que, *Ce dont j'avoi le plus de fraieur m'est advenu, & ce que je redoutoi m'est survenu, Tu as reduit ses jours à la mesure de quatre doigts*, A contre temps le Pere ensevelit le Filz, le Fils a pour Posthume son Pere, Et, *mes discours au reste que mon cœur possedoit, sont du tout arrachez*, dedans & dehors tout troublé, tout renversé chez moi; Et donq *m'en vai-je ceindre le sac, me veautrer en la cendre, faire le deuil d'un Fils unique, un plainct d'amertumes.* Et donq veux-je mourir, que demeure-je plus? Pieça survivant à tant de penes, tant de dangers, & maintenãt à mes entrailles, a mon cœur propre. Et certes Seigneur, ce Roi que tu aimois, la lumiere d'Israel, comme il ouit la mort de son Filz, rebelle cependant, & parricide, lui en restant d'autres, & les meilleurs, *A la mienne volonté s'escrie il, mon Filz Absalon Absalon mon Fils, que je fusse mort, que je fusse en ta place.* Et en convertit le sa-

Iob. 3. 25

Psa. 39. 6

Iob 17. 11.

Ierem. 6, 26.

2. Sam. 19

lut de son peuple en deuil, & en rend confuses les faces de tous ses serviteurs, resolu de demeurer en la poudre, si Ioab ne l'en fust venu tirer, ne l'eust menacé d'une revolte. Moi donq que ferai-je, ou que ne ferai-je? Qui ai perdu mon unique, Bon Filz, frere, parent, compagnon, ami, s'il en fut onq, si soigneux de tous les droicts d'amitié, de societé, non que de nature. Et quelle vie me peut rester qui vaille plus le vivre? quelle mort arriver, qui ne me soit pour vie? Ains mon ame, retourne un peu en ton repos, En l'homme n'est n'i sa voie, ni sa vie. *L'ame de tout vivant est en la main de Dieu; l'Esprit de toute chair*

Iob 12. 10. *humaine.* Et. *Les jours de l'homme sont*

Iob 14. 16. *precis de par Dieu, par devers lui le nombre de ses mois,* que nul n'anticipe & n'outrepasse. Et toutefois

Iob 24. 12. *Dieu ne designe rien mal à propos,* Ia n'advienne. Et donq di derechef plustost, & ne t'en repen point.

Psa. 39. 2. *Ie me suis teu comme un muet. Ie n'ai*

point ouvert ma bouche, parce que tu l'as faict.

Ains plustost, Seigneur, *tien la muselière autour de ma bouche; Fai, que mes levres ne parlent point iniquité.* Job 27.3
Au contraire, *qu'elles attribuent justice a celui qui m'a faict.*

Mais Seigneur; *Ie suis gros de* Job.34.8.
parler; & l'Esprit de mon ventre me 18.19.20.
serre. Mon ventre est comme un vaisseau de vin, qui n'a point dessort, & se creveroit, le respédroit, Ie parlerai donq & me mettrai au large. Et donq Seigneur, tu scais, en nostre Fils, quel estoit nostre but: Sinon, que plus meur d'ans, plus avancé en Experience, il procurast selon sa portée l'illustration de ta gloire, l'accroissement de ton Eglise, le service du Roi & du Roiaume: Que là seulement buttoient, là bandoient nos veuz, nos prieres,
nos discours, nos desseins, toutes Job 7.20
nos lignes à ce centre. Et cependant, Seigneur, *Tu m'as mis pour t'estre en bute, tant que je suis en charge à moimesme*, Par le flanc de mon uni-

que, tu m'as transpercé, Pere & Mere avec le Fils; Tes aureilles donq Seigneur, sont elles assourdies? Ou endurcies tes entrailles? Et la fontaine perpetuelle, eternelle de ces misericordes, sera el-
Iob 9. le tarie en elle? perie au moins pour moi? Et certes Seigneur, *Si je veux plaider avec toi, je ne te respondrai pas a une parole de mille;* Et, *Tu es sage de cœur, puissant en force; Auras tu ravi, qui te cõtraindra de restituer, qui t'osera dire que fais tu?* Mais ici miserable, ne m'arreste je pas, En tes parvis; Sur ta puissance. Ie veux entrer, je veux penetrer, jecter
Psa. 145. l'œil dedans ton Sanctuaire mes-
17. mes. Ta puissance & ta sagesse, sont destrempées en une bonté immense; *Eternel tu es juste en toutes tes voies*; Mais aussi *Es tu benin en toutes tes œuvres.* Donq, que tes jugemens soient une profondeur, ta misericorde est un abisme, & plusieurs Abismes. Ces coups donq, sont incisiõs de Chirurgie, & non blesseures d'ennemi; Ces prieres que tu ne semblois pas avoir

ouïes, tu les as exaucées, refuse-les paroles, octroie-le droit sens Entant certes qu'a lui & a nous, tu nous as accordé choses meilleures. Meilleures a nostre Fils qu'a bon tiltre tu repetes, puis que tu ne l'avois que presté; ne l'as fait que monstrer à la terre, pour l'asseurer le vendiquer au Ciel; Meilleures à nous; que peut estre les vagues tortues de ce siecle l'eussent emmené, une plus facheuse mort le nous eust emporté; Et donq, Seigneur, donne nous ici derechef *de nous taire*, donne nous, de *demeurer muets*. Car ceste chair nous importune, ne se peut plus tenir, & mal-aisé de lui boucler la bouche. De quel droit, dit elle, le repeter devant le terme? Que peut pis, le plus dur creancier? N'est-ce pas le ravir? sa vie à pene commencée? Et qu'aumoins eust il laissé courir le Destin? Ains, homme de peu, celui qui a faict le temps, peut-il rien faire qu'a temps? Et ce Destin qu'est-ce sinon la volonté de Dieu? & avons nous plus certaine

mesure de nostre vie ? borne de nos labeurs ? Et as tu tant, d'interest d'entrer au port, de marée, ou de vent? Certes qui avoit de toute Eternité destiné un certain jour à sa naissance, avoit aussi arresté un certain moment à sa mort; Et si tu allegues pour grief, que plustost que de raison il t'ait esté redemandé, plains toi aussi que trop tost où trop tard, il t'ait esté presté ; De mesme soit droict soit tort, le peux tu faire, Celui donq à ton advis a il peu vescu; duquel deux Nations, double patrie, chantent la vie, la plus certaine pleure la mort? l'Eglise de Christ? Qu'on peut dire avoir acquis sur le sueil de sa jeunesse, ce que les plus grands hommes ont desiré, seul prix de leur vertu, peu ont atteint, & au bout de leur vie, à tous les bons un incroiable regret de soi. Et donq, *Tu parles comme une des femmes mal sages*, Le sage
Iob 2,1c. t'aprenne ici mieux, *L'homme n'est pas gris pour avoir vielli longues années, mais pour avoir vescu sagement.*

en la crainte de Dieu, le chef de sagesse, quelque courte vie que Dieu lui mesure: *Celui qui est sanctifié consacré à Dieu en peu d'années, accomplit un long temps, Telle jeunesse bien tost achevée condamne la longue vie de l'injuste.* Et en fin, *Toute sorte de mort des bien-aimez de l'Eternel est precieuse devant ses yeux.*

Sap. 4. v. 10. 11. 13. 16.

Psal. 116. 15.

Mais tu grondes ici, Il m'estoit unique. Et *voila qu'en mon peuple je n'ai plus de Fils, point mesme de Fils de lui.* Et voila au contraire, que *la semence des meschans demeure ferme devant eux*: Ains regarde un peu autour de toi, Combien y a-il de Grands, de Princes, de Rois, qui meurent sans enfans, en la desherence desquels les Estats semblent demeurer Orfelins, le monde souffrir Eclipse? Et toi, que laisses-tu tant a envier? Mis pour exemple à la posterité, d'une vertu tant louée, qu'on voudra peu avancée: Et *les branches des meschans* les voions nous pas *ordinairement brisees*: Et bien qu'elles viennent à jetter

Iob 18. 16

Iob 21. 8

leurs fruicts sont ils pas inutiles, trop aigres pour manger, pour ne pouvoir servir a rien? En la tienne au contraire,
Sap. 4. v. 5. & 6. vois-tu pas comme le doux fruict a comme poussé, & chassé la fleur, que la vertu, comme si elle en estoit jalouse, la espreint, la confit pour la posterité, De son odeur mesme comme les sainctes troupes sont parfumées, enflammez à la vertu de sa chaleur, les cœurs de ses esgaux, de tous ceux de son aage, à l'envi pour se rendre pareils.

Encor' n'es-tu point contente, Car tu voulois qu'il heritast, de tes conseils, de tes desseins & iceux justes & bons, Et tel l'avois-tu engendré, institué, & defait il en prenoit ja possession, habile à ceste succession, s'il en fut onq. Et voila, que ce fruict t'est perdu, à la Patrie & a l'Eglise. Et diras, à Dieu mesmes. Ce qui te point, ce qui te cuit, ou tu veux qu'on le croie. Mais laisse, je te prie, le soin à Dieu de sa pretendue perte, A qui il est aisé des pierres mesmes de susciter quand il lui plaist, à lui des serviteurs, à la Patrie des soldatz, à l'Eglise des hommes de fief. Ici veux-je à bon escient rompre mon silence, *Je veux parler pour le Tout-puissant*, mesmes contre moi *plaider la cause du Tres-haut*. Iob. 13.3

Ne vois-tu donq point, di moi, la maladie du siecle; Cest air, combien infecté, combien affecté aux vices, & non tant maladif que mortel? que qui plus aspire a grandes choses, le respire aussi plus fort; le transpire insensiblement, en la poitrine, au plus profond de l'ame? Et veu que nostre ame, venant tout fraischement de la main du Createur, ceste chair neantmoins l'infecte: Ceste ame, cest esprit ja infecté, trempant dedans les allechemens du Monde, qui trouve estrange que le Monde le blesse, ains souvent le tue? Et ou est le Garand, qui nous en exempte, nous en deffende? Veu que plus la vertu abonde, si elle à une fois humé ceste maligne odeur, plus &

plustost elle aboutit en vice? Et aimes-tu donq pas mieux qu'il ait fait quelques monstres à la solde de la vertu, que d'avoir vieilli es vices d'une Court, seulement és delices? Propose toi derechef ce jeune homme prompt de la main, d'un vif esprit, d'un haut courage, à la vertu, à l'ardeur duquel, n'y avoit rien d'inaccessible, rien de trop ardu; Le desir d'honneur l'eust chatouillé, l'ambition l'eust amorcé, un appetit desordonné de reputation peut estre transporté, selon qu'il eust peu rencontrer une saison, ou contraire à la vertu, ou à un cœur si eslevé, moins favorable? Et quantefois une juste douleur, sur un refus de chose justement meritée, à elle esté poussée, à elle poussé à choses injustes? à tout ce que la raison raffolant par raison, se fait croire estre de raison, depuis qu'une fois elle à secoüe la bride de droicture? Et de ce mal apres, combien de maux? Et si tel cas lui fust avenu l'aimerois-tu pas mieux osté du monde? non que trausporté à meilleure vie? Et quād donq tu l'i vois transporté, doibs tu point dire avec le sage, *Celui qui a pleu a Dieu à esté bien aimé; Et pource qu'il vivoit entre les pecheurs il en à esté trāsporté*, Enoch certes qui cheminoit en Dieu *Il a esté ravi afin que la malice ne changeast son Entendement, ou que fraude ne deceust son ame.* Sap.4 v. 10 & 11 Et le nostre aussi, enfant de Dieu par son adoption, du milieu des Fils des hommes, s'escarmouchant contre Dieu, pour estre par une singuliere grace sauvé du desbord des mauvaises humeurs, du deluge des vicieuses mœurs qui tantost à inondé tout l'univers,

Considere encor', lors que tu te tourmentes q'uil t'a esté arraché sur le verd, de toutes parts, quelles embuscades sont dressées à la vertu; Quand ceux qui en baisent l'image à la bouche, ne peuvent porter son visage, ne la peuvent regarder entre deux yeux; Ceux qui en admirent l'Esperance, comme elle monte en tuiau ; tant plus en espi, ou la tiennent, ou la rendent suspecte; Ceux en fin, qui rampante contre terre la bechent au pied, comme elle s'esleve, pousse ses branches en l'air, ou l'estaussent; ou la fauchent, ou l'arrachent entant qu'ils peuvent. Et l'Envie à son tour, qui prend volontiers sa place entre les Egaux, s'y jecte à la traverse: Ne la pouvant aconsuivre, la poursuit, la persecute, n'i pouvant atteindre, la rabaisse, la supplante, par deguisement, par calomnie, par artifices. De là les rancunes, les haines, les querelles; les duels plus pernitieux que mort quelconque, contagion Françoise, Erreur ou fureur de nostre Noblesse, engeance bastarde de l'antique valeur, Ou de gaieté de cœur, pour chose ou parole de neant passant sur le ventre à toute Loi, d'un bras animé, d'un cœur envenimé tu t'en ferres enferrãt ton frere; Pose, que de ce champ desesperé on te rapporte ton Fils, quelle consolation te reste

reste plus? En Dieu courroucé, ir-
rité de guet à pens; *à plein bras, à te-* Nomb.15
ste descouverte. Et en telles angois- v.30
ses toutesfois, ou est la consolation qu'en lui seul? Et toi donq en conscience, disciple de Christ, l'aimeroi-tu pas mieux respandu à mi terme? [illegible]

Mais, Dieu le pouvoit-il pas garentir de tout cela? Et il le pouvoit certes. Mais il l'avoit fait homme, Partant mortel. Et soldat; Partant, ou la mort est si espesse merveille qu'il ne l'a renconstrast. Et courageux; Tant plus en la deffiant, pour la tirer sur lui. Et en fin, nourrisson de la vertu, & de la plus masle, Pour estre donq en Bute, aux plus cruels traicts de l'Envie, abbaié comme un Escueil, des plus courroucez flots de la mer. Que si tu as creu, que par miracle il deust estre exempt de ces perils, par quel Traicté particulier, ou par quel Tiltre? Doibs-tu pas plustost prendre pied, de l'ordre de la nature, de la [illegible] liaison des Causes, de l'humeur des hommes, de l'Air du Siecle?

Et puis doq qu'il estoit enceinct de tant de toiles, en bute à tant d'attraicts, a tant de traicts, nostre plaie nous doibt elle point estre plus legere? N'est-il pas temps chair mal conseillée & conseillante, que mieux enseignée par l'Esprit tu te resolues avec le Psalmi-
Psal. 119. v 75. ste, *Eternel je reconnoi que tes jugemens sont justes, & que tu m'as affligé en foi*, selon ta bone foi, *Dieu est bon*
Psa. 73. 1 *a Israel, & a ceux qui sõt purs de cœur*, Lors qu'il semble rigoureux, lors est il plus clement, *Ie remettrai ma*
Psa. 37. 5 *voie en l'Eternel, & m'asseurerai en lui, & il m'addressera*, Ie ne fermerai plus ma bouche, ains parlerai, ains esclaterai, mais pour annoncer ta louange. *Parce* Seigneur que *tu l'as faict*, parce que tu as bien faict.

Bien-faict. Car Bon que tu es, tu ne fais rien que bien. Aux bons, rien que des biens, bien que nous les appelions maux, bien que nous les sentions tels. Bien-faict, a noſtre Fils; Car des l'entrée preſques de ceſte milice, tu l'as exempté, tu l'as courronné. S'il euſt plus long temps continué, couroit-il pas riſque de ſe deſmentir, de forligner? Et à ce grand Salomon duquel la Sageſſe, nous eſt tant recommandée par la Sageſſe meſme, que lui valut, d'avoir veſcu lõgues années? une trop plus courte vie, lui eſtoit elle pas plus honorable? plus ſalutaire? Bien-faict a moi-meſme; Car j'eſtoi en pene, en pas ſi gliſſãt, taillé ſi droit, quelle ſeroit liſſue, ou de ſa vie, ou de ſa voie; Et voila que le le voi de ces yeux, nourri, eſlevé en la vraie foi, mẽbre de Chriſt, ſoldat de Chriſt, de ce facheux Cãp, ou il euſt eu a hiverner; enlevé, eſlevé es tabernacles Eternels. Bien-faict derechef, parce que je ne tenoi presque au monde, que par ceſte racine, & tu m'en arraches, pour me tranſplanter en ton Paradis, je ne tiens plus que par petites fibres, tout preſt au premier coup de ſiffler, non que de trompete, de

te respondre, *Mon bien c'est d'adhe-*
Psal.73. *rer à toi. Vien Seigneur, voire Seigneur*
28. *Iesus vien.* M'assommant au peché
Apoc.22 Pere misericordieux, tu m'as pin-
20. cé, tu m'as piqué, pour me mar-
quer, mais pardonner, mais effacer
mes fautes. Afin que je m'adjour-
ne à bon escient devant ta Loi, me
face mon procez, me le parface, te
connoisse juste en tes jugemens;
Non moins benin pourtant; Qui
pardonnes au repentant, qui le
guerdonnes. Et pource te dirai-je
avec ton serviteur; *Seigneur ne me*
Job 10.2 *condemne point, fai moi connoistre*
& 13.23. *pourquoi tu debats avec moi*, J'ai peché; peche tous les jours en infinies
sortes, conceu, né, eslevé, envieilli
en pechez, Mais Seigneur *Absous*
Psal.19 *moi des pechez qui me sont cachez.* Re-
13. marque moi, monstre moi au doigt
mon peché, Afin que moi-mesme
je donne la sentence de cœur non
feint contre moi, de toute mon a-
me me convertisse à toi, prenne
mon refuge vers ta misericorde.
Et en fin, mes souspirs, Seigneur se

terminent en priere; mes criz, en
Chant de louange, adressez à toi,
car quoi qu'il en soit; *Vne consola-* Iob 6. 10.
tion me reste encor', que combien que je
brusle de douleur, & que tu ne m'espar-
gnes point, je n'ai point teu les paroles
du Sainct les veritez du Souverain.
Et donq.

Eternel mon œil, mon ame mesme de- Psa. 119.
goute vers toi, à force de tristesse, releve 28.
moi selon ta parole. Tu as possedé mes Iob 16.
jours des lors que tu m'as envelopé 20.
au ventre de ma mere. I'ai esté mis en Psal. 35.
ta charge des la matrice, Tu es mon Dieu 13. Psal. 22.
fort, des le ventre. Tu connois quand je 11.
m'assieds, & quand je me levi; tu ap- Psal. 139.
perçois de loin ma pensée. Et tu as dit. 2.
Rejecte sur l'Eternel, tout ce qu'il te Psal. 55.
donne, ce qu'il lui plaist t'envoier 23.
& il ne permettra jamais que tu tres-
buches, En la calamité il te sera pour ba- Psal. 18.
ston lui mesmes. Dōq, *Que mes ennemis* 19.
parlent & dient, Dieu l'a abandonné, Psal. 70.
poursuivons le, prenons le, il n'i a per- 11.
sonne qui le vange, Ie ne rougirai point, Psal. 25.
parce que je me confie en toi, mes enne-
mis n'auront point aussi a se resjouir

sur moi. Ains plustost Seigneur, *Tu*
Psal. 25. 18. *regarderas mon affliction, & me par-*
donneras tous mes pechez. Toi *qui fais*
Iob 5. 18. *la plaie, & qui la bandes,* qui *conser-*
Psal. 147 3. *ves les contrit d'Esprit,* qui es *prez des*
Psea. 34. 19. *froissez de cœur. Rougiront plustost &*
seront honteux tous ensemble, ceux qui
Ps. 35. 26 *s'esjouissent de mon mal, qui a cause*
d'icelui se magnifient contre moi, Car,
En six angoisses tu m'as delivré & en
Iob 5. 19 *la septiesme le mal ne m'atteindra*
Ps. 37. 24 *point. Bien que je tombe, je ne serai*
Psal. 71. 17. & 18. *point atterré, parce que l'Eternel me*
soustient la main. Toi Seigneur *qui*
m'as enseigné des mon enfance, de sorte
que jusques ici j'aie annoncé tes mer-
veilles, ne me delaisseras point en ma
Psal. 9. *vieillesse mesme toute blãche, quoi que*
Psal. 88. 4. *ma force me deffaille. Que mon ame*
soit rassasiée de maux, que ma vie sem-
Psal. 119 175. *ble pancher, ains toucher au sepulcre,*
mon ame vivra pour te louer, & tes
jugemens me seront en aide. Mesme
Iob. 13. 15. que je meure Seigneur je dirai a-
vec ton serviteur: *Quand bien tu me*
tueras, j'espererai en toi. Ton serviteur & ta servante, te diront Sei-

gneur, dõne nous de vivre a Christ, de mourir a Christ. Car certes *nous savõsque nostre Redemteur est vivant,* tõ Christ Seigneur *& qu'il demeurera le dernier sur la terre, & encor' qu'apres nostre peau on ait rõgé ceci,* que les vers l'aiét persé de toutes pars, *nous nous reveillerons & en nostre chair verrons Dieu,* Verrons aussi, celui qui vit la haut & qu'ici bas nous pleurons, *nous-mesmes & non autres, & ces mesmes yeux.* Et ces larmes, Mamie, nous soient perpetuelles, degouttent, coulent tousjours, nous deviennent perles, que nul vinaigre, qne nul sang, ne puisse jamais dissoudre. Iob. 19. 25. & 26. 27.

FIN.

pag. 17. l. 1. refusé l. 2. octroié

A LA MEMOIRE DE Monsieur des Bauves, Fils de Monsieur du Plessis.

Stances.

FAites place à ma voix, mes soupirs & mes larmes.
Il faut parler au Ciel de son astre nouveau:
Que sert-il de fraper ainsi de vent & d'eau
Les rochers du Destin & le fer des alarmes?
Il est mort! La Nature enferme dans la terre
Mille-ans de sõ travail destruits en un momẽt:
Et l'ouvrage du Ciel, le Ciel, qui seulement
Au monde le monstra, comme sien le resserre.
Tandis l'œil demi-mort de la dolente mere.
Dãs l'œil de sõ espoux cerche en vain sõ cõfort:
Il lui tend cette main qui sçait domter la mort,
Mais le bras chancelant l'accuse d'estre pere.
Ce frõt qui jusqu'au Ciel releve ses fortunes

Laisse choir estonné son sourcil abbatu:
Invincible aux douleurs, il cede a sa vertu
Qui doit aux vertueux des plaintes non communes:

Ton courage; O mon fils qui t'a l'ame ravie
Ravist, ce disoit-il, ma resolution?
Mon cœur ou ta vaillance eut son Instruction
S'instruit dãs ta vaillance a mespriser ma vie.

Cruel, tu as troublé des suites naturelles
Les ordres plus seans, & pris le rang des vieux:
Tu devois de ta main un jour fermer les yeux.
Ou tu as tant ouvert de sources immortelles.

Si de tes actions la semence fatale.
Eust peu de tes vertus mettre en doute le cours,
I'eusse veu d'un œil sec la fuite de tes jours,
Et le retranchement de leur trame inegale.

Mais de l'amour de Dieu la flame ardante & saincte
Allumoit tout le feu de tes jeunes desseins.
Sa gloire couronnoit tout l'effort de tes mains,
N'imprimãt par le fer que les loix de sa craite.

D'un esprit si puissant ta jeunesse adressée
N'eust bronché dans l'erreur ny du sort ny du temps:
Helas tu promettois du clair point de tes ans
Vne grande lumiere en leur course avancée.

Ta modeste candeur, Ton esprit si traitable,

D'armes & de chevaux ce maniment adroit,
Ton respect paternel, ta beauté qui rendoit
De tes jeunes valeurs la grace plus aimable,

O mon Fils tout cela! Mais tout cela decline
Cõme le teint des fleurs, qui plus ont d'ornemẽt,
Plus tirent toute chose a leur ravissement,
Et leurs perfections apellent leur ruine.

Pere eternel du temps, qui juste le dispenses,
S'on terme est assez long puisque tu l'as fait tel:
Qui te peut accuser? Son âge est immortel,
Au cours de ses vertus mesurant ses distances.

Et quand je plains mes yeux de le perdre de veuë,
Je rens grace a ta main de me l'avoir presté:
En lui, je ne voi rien a plaindre, Il est monté
La haut à la lumiere; Il ne l'a pas perdue.

Ce que le sens chénu de sa forte jeunesse
Promettoit aux cõbas, & aux cõseils du Roi,
L'exemple de ses faits l'accomplist apres soi,
Et l'eguillõ d'hõneur qu'ẽ mille cœurs il laisse.

Vn jour quãd du Dauffin la foudroiãte gloire
Brillera sur l'Eufrate & le mont de Sion,
Sa vertu reluira par l'imitation
Et de mille Palmiers ornera sa memoire.

Tandis ce grand heros, qui ramene par armes
La sainte liberté sur les flots de l'Escaut,
Voit tomber de son œil la flame, qui si haut

Elançoit des esclairs en ses fieres alarmes.

Grand Prince! il ne faut rien adjouster a ta plainte:
Tu as veu par sa main ce qu'on doit a sa mort:
Et lui as tout randu: Et la rigueur du sort
Par si dignes honneurs demeure cõme esteinte.

Aussi des cavaliers la troupe entresuivie
Portant son lit superbe arrousé de tes pleurs,
D'une jalouse ardeur réchauffe ses douleurs,
Et d'un si beau mourir chacun flate sa vie.

La de drapeaux conquis, dresses a sa fortune
Maint signalé trofée: Et sur son tymbre encor
(Titres de ses aieux) tu fais graver en or
L'espée conquerante & le frein de Neptune.

A Dieu fleur de nos ans, si soudain arrachée;
Qui fais mourir ta tige en la laissant ainsi:
La mort en Aconite a changé le souci
Qui tenoit au Soleil nostre veue attachée.

Chere moitié qui as, d'un si masle courage,
A mon flãc combatu l'hydre de mes travaux
C'est ici qu'il faut vaincre: aux cœurs constans & hauts:
Le peril par l'excés donne de l'avantage.

Dieu nous l'avoit presté d'une main liberale,
D'une main juste il peut le retirer a lui:
Mais ne le perdõs pas! Retrouvons-le en celui

Qui donne a ses vertus la retraite fatale.

Ce que fait le Mercure entre l'or & le cuivre,
Et l'Avril au milieu de la terre & des fleurs,
Il estoit cela mesme au milieu de nos cœurs
Qui cessent de mouvoir quand il cesse de vivre.

Tous nos propos estoient du soing de sa jeunesse,
Pour lui nous adreßiõs nos plus grands vœux a Dieu:
Et ores qu'il n'est plus, Steriles, au milieu
Des discours & des vœux la parole nous laisse.

Mais recouvrans en Dieu la parole perdue
Telle perte est proffit par le recouvrement:
Heureux! qui par sa mort nous point utilemẽt,
Comme il nous cõsoloit saintemẽt par sa veue.

Chere & sainte moitié cesse ta plainte dure,
Qui ne peut eternelle aux mortels foisonner:
Donnons à la raison ce qu'il faudroit donner
A la neceßité du temps, ou de Nature.

Ainsi cerchoit au Ciel de sa perte celeste.
Le celeste recours ce couple desolé:
La Seine, la Tamise, & le Rhin ont meslé
A leurs ameres pleurs mainte larme funeste.

Et toi qui l'attendois dessus tes greves blondes,
Ou il debvoit anter en Mirthes ses Lauriers,

Faire bruire à tes flots ses triomfes guerriers,
Et d'estrange depouille en orgueillir tes ondes.
Loire, si je n'escri de ta rive muette.
L'estonnement transi, l'effroi de tes coutaux
(Qui n'osent pleins d'horreur se mirer dans tes eaux.)
Et les cris que le cœur de tes Nimfes lui jette,
Que pourroit on attendre, helas, d'un corps sans ame?
Mon esprit a suivi l'objet de mon espoir.
La fin de mes malheurs que son œil m'eust fait voir
Delaissé de son œil: je la cerche en sa lame.

FIN.

D'Ambillou.

STANCES SVR LA Mort de Monsieur des Bauves, Fils de Monsieur du Plessis.

A Madame du Plessis sa Mere.

APres l'estonnement d'un coup insupportable,
Tendant desja les mains à l'ennui qui m'accable,
Ie demande a mon Ame un nouveau sentiment.
Mes soupirs me sont froids; mes larmes importunes;
Car helas! pour despeindre un mal si violent,
Les larmes, les soupirs sont choses trop communes.

Ceste douleur n'est point un effort de nature

Qu'on doit communement, aux corps de pour-
riture,
Que la nature mesme a conduis au trespas;
Ceste plainte à son bout; Mais nostre doleance
Le temps ni la raison ne la finiront pas,
Puis que c'est de tous deux qu'elle prend sa
naissance

Tout ce que le temps peut pour adoucir la
peine,
Par l'absence & l'oubli c'est une force vaine,
Son merite tousjours le nous fait voir present;
Et tant d'exploits futurs reservés à nostre aage,
Nous ferõt bien un jour, sentir qu'il est absent,
Denuez au besoin d'un si ferme courage.

En ce siecle malin son cœur impenetrable,
A tant de lachetez que ce temps miserable
Coule insensiblemẽt aux esprits plus hautains;
D'un desir pur & sainct son Ame gouvernée
La valeur seulemẽt conduisoit ses deux mains
Mais des autres vertus, sa fin estoit menée.

Aussi voit on, que tout lamentant nostre
perte,
D'un pasle & morne deuil, tient la face cou-
verte,

Croiant en ce subject tout espoir abbatu;
Et semble que le fer qui le priva de vie
D'un mesme & seul effort en priva la vertu
La vertu que ceste Ame avoit tousjours cherie.

Son esprit tout enflé de desseins hauts & braves;
Contrepesoit si bien de discours froids & graves,
Les vistes mouvemens de ses jeunes ardeurs,
Que ses esgaux estoient jaloux de sa prouesse
Et les vieux que le tẽps avoit rendu plus meurs
D'un modeste despit, l'estoient de sa sagesse.

Ce que d'un rare soin la nature [illegible]
Peut donner aux humains de grandeur accomplie;
La nature & le soin en lui le faisoient voir,
Qui doute que ce cœur qui naquit pour les armes
Un jour en temps de paix n'eust moins par son savoir
Donné de seuretez que d'effrois aux alarmes?

Mais son aage, le temps, ceste ardeur violẽte
Et de loisiveté son ame impatiente
Le conduisoit premier au combat qu'a la paix.

Il vouloit faire planche à sa digne memoire
Par les feux, par le sang & pour vivre a jamais.
Cueillir dans mille morts, le doux fruict de la gloire.

Son Pere que l'honneur avoit malgre l'ẽvie
Poußé bien loin du pair, De qui la ialousie
Ne paroist plus rivale, Ains ose seulement
Par respect admirer ce quelle ne peut suivre
Lui faisoit entreprendre avecques jugement,
Ce qu'un bras temeraire aux autres faict poursuivre.

Ie sçai bien, disoit il, quoi que je sçache faire
Ie n'atteindrai jamais aux grandeurs de mon Pere;
Deux Phenix en un tẽps ne se sõt jamais veus,
Mais autant que je puis, talonnant son merite,
Je ferai voir un jour meschauffant à ses feux,
Que n'estãt ce qu'il est, pour le moins je l'Imite.

Helas! le Ciel sembloit, d'une main liberale,
Donner à ses souhaits une puissance esgale;
Tant ses perfections secondoient ses desirs,
Si dans le champ fatal d'une terre guerriere,
Ce soleil qui devoit lancer tant de plaisirs

N'eust dans son Orient terminé sa carriere.

Si vous pouviez flechir soubs les forces humaines
Madame, ceste mort, cōbien de morts certaines
Nous feroit elle voir en ce triste tombeau?
Mais ce cœur a l'espreuve aux atteintes diverses,
Mōstre en cest accidēt, qu'il ne lui est nouveau
De se monstrer constant, aux plus grandes traverses.

Cōme de vous on voit en ceste perte amere
Que peut pour un tel Fils l'amitié d'une Mere,
La constance par vous monstre ce quelle doit:
Succōber aux malheurs jamais on ne la veut;
Aux extremes douleurs sa vigueur se connoist;
Mais on lit en vos pleurs quelle peut estre esmeue.

C'est nostre deuil tout seul non le sien qu'on souspire.
Ce qu'a travers les coups & les morts on desire
D'une superbe vie une pompeuse mort;
Dequoi le plaignōs nous, d'un si grād avātage,
D'avoir si jeune acquis contre l'ordre du sort,
Ce qu'on peut a grand peine au declin de nostre aage?

Et puis il combatoit, il trionphe à ceste heure
Exempt des desplaisirs d'une triste demeure,
Nouvel-Astre il reluit par dessus tous les cieux;
Est-ce de ne le voir le soin qui vous devore?
Madame, par la Foi leves en haut les yeux,
Et malgré son depart vous le verrez encore.

Mais las! c'est de nos yeux qu'il faut que la tristesse
Tire des desespoirs, & des larmes sans cesse,
Nous de qui l'esperãce est morte avecques lui;
Quelle fortune encor' cerchons nous en la terre
Puis que dans son cercueil se renferme aujourd'hui,
Le loier de la Paix & l'honneur de la guerre?

Nous qui jeunes pensions au milieu des alarmes,
Dessoubs ce jeune Mars faire flamber nos armes
Quel dueil voir nos desseins retranchés de si pres?
Et plier sur le chef de nos tristes personnes,
(Tesmoin de nos malheurs) le funeste Cypres
Nous qui nous promettions des Lauriers pour couronnes?

D. de Picques.

www.ingramcontent.com/pod-product-compliance
Ingram Content Group UK Ltd.
Pitfield, Milton Keynes, MK11 3LW, UK
UKHW012115240726
13965UKWH00004B/1775

9 782013 049399